AF226339

ALGÉRIE.

Questions Spéciales.

ALGÉRIE.

QUESTIONS SPÉCIALES,

PAR

J. LAINNÉ,

Avocat à la Cour royale de Paris.

IMPRIMERIE DE E.-B. DELANCHY,
FAUBOURG MONTMARTRE, 11.

1847.

1848

ALGÉRIE.

QUESTIONS SPÉCIALES.

Les observations qui suivent ont pour objet de résumer, en les accompagnant de considérations sommaires , les points principaux sur lesquels a porté le débat relativement aux affaires de l'Algérie.

Ces observations se divisent en deux parties : la première ayant trait à diverses questions de gouvernement et d'administration, la seconde relative à la colonisation proprement dite.

Population. — Fertilité.

On comprend quel avantage il y aurait à connaître le chiffre réel de la population indigène de l'Algérie, de cette population tantôt soumise, tantôt ennemie, qu'il faut administrer ou combattre.

On comprend également de quelle importance il serait qu'on fût bien fixé sur le degré de fertilité d'un pays dont, au milieu de difficultés sans nombre, on a entrepris la colonisation.

Malgré tout l'intérêt de ces recherches, on n'a pu jus-qu'ici tomber d'accord ni sur la population approxima-tive ni sur le degré de fertilité de l'Algérie.

A l'égard de la population, les calculs varient dans une proportion très-importante. Il est assez difficile de se faire sur ce point une idée à peu près juste, car les moyens d'in-vestigation et de contrôle, si faciles et si perfectionnés chez les peuples de l'Europe, ont été jusqu'ici fort imparfaits dans la nouvelle conquête. On connaît exactement le chiffre, peu considérable d'ailleurs, de la population euro-péenne en Algérie ; mais l'insuffisance des données statis-tiques n'a pas permis d'établir une estimation bien positive relativement au nombre réel des indigènes. C'est à l'admi-nistration, qui centralise tous les renseignements, à ne rien négliger pour arriver sur ce point à un résultat un peu précis dont elle sera la première à profiter.

Quant à la fertilité du sol, les opinions ont également beaucoup varié. En général, on a été plutôt disposé à la révoquer en doute, ou même à la nier absolument, qu'à l'exagérer. Il paraît cependant bien certain que l'Algérie n'est rien moins que stérile : à cet égard, les observations recueillies soit dans les expéditions faites en tous sens, soit dans les explorations des membres de la commission scien-tifique, ont fourni de précieux renseignements. On a ap-pris qu'il y avait d'importantes distinctions à faire entre les diverses régions ; que sur un assez grand nombre de points la culture était déjà bonne, qu'elle pouvait devenir avantageuse sur beaucoup d'autres, et qu'il y avait en outre à faire entrer en ligne de compte différents produits industriels d'une importance assez considérable. A ce su-jet, un tableau détaillé des ressources de diverses natures qu'offre l'Algérie, dressé par l'administration au moyen des documents qu'elle seule peut réunir, aurait le double avantage de fixer l'opinion sur la valeur positive de la conquête et d'offrir une base solide aux entreprises sérieuses de colonisation.

Armée.

Faut-il à l'Algérie une armée spéciale?

La question de savoir si l'Algérie devait avoir son armée, ou s'il ne valait pas mieux y envoyer de France, à tour de rôle, les divers régiments, a été vivement controversée; et les raisons données à l'appui de chaque opinion méritent d'être examinées avec soin.

Les partisans d'une armée spéciale font ressortir le caractère nouveau et tout particulier que prend la guerre en Afrique. Là, en effet, au rebours de ce qui se passe en Europe, il y a peu de siéges, peu de batailles, mais en revanche beaucoup de petits combats; un ennemi prompt à la fuite et presque insaisissable profite, pour se dérober aux poursuites, des avantages que lui offre un terrain très-difficile : il y a donc là, pour les corps venant de France, un apprentissage à faire, et le défaut d'expérience peut entraîner, comme on en a vu plus d'un exemple, les plus funestes conséquences. On ajoute que le climat, agissant d'une manière fâcheuse sur les régiments nouvellement débarqués, réduit considérablement l'effectif; de sorte que dans le cas, possible assurément, d'une guerre européenne, les communications avec la métropole venant à être interceptées, l'armée ne pourrait réparer ses pertes. Tous ces inconvénients disparaîtraient, dit-on, avec une armée propre au pays, le connaissant bien, rompue au genre de guerre qui s'y fait, et parfaitement acclimatée, de manière à pouvoir toujours entrer en campagne dans la plénitude de ses forces.

On répond, dans le système contraire, que si, en Algérie, le soldat n'apprend pas la grande guerre, il y trouve de nombreuses occasions de se former, de s'endurcir à ce mépris des fatigues et du danger qui seront toujours la véritable base de l'éducation militaire : c'est là, pour l'armée entière, un avantage inappréciable en temps de paix, avantage qu'elle ne saurait trouver dans les loisirs des garnisons de France. Quant à ce qu'on allègue au sujet de l'inexpérience des troupes nouvelles et de la funeste influence du climat, il est facile d'y remédier en laissant pendant quelques mois les nouveaux corps dans les garnisons du littoral, et en les encadrant ensuite, pour les employer à un service actif, dans des troupes déjà formées.

Cette dernière opinion a toujours prévalu dans la pratique : on a seulement créé quelques corps destinés spécialement à l'Algérie, et donnant aux autres troupes une coopération basée sur l'expérience. En général ces créations ont amené les meilleurs résultats.

Ajoutons ici, en faveur du système adopté de préférence, une considération importante, et qui, pour ne pas être exclusivement militaire, n'en a pas moins une grande valeur, c'est qu'un séjour de quelques années en Algérie ne peut manquer d'exercer sur l'armée tout entière, sur les chefs comme sur les soldats, une très-heureuse influence. Il est certain que le contact de cette immuable race arabe, si bien douée sous certains rapports, que le spectacle de cette forte et grande nature du midi, déjà révélée à la France lors de l'expédition d'Égypte, réagissent d'une manière salutaire sur l'esprit des troupes, et ont pour effet d'élever chez elles le niveau moral et intellectuel. Et, à ce point de vue, ce n'est pas là le seul avantage de l'envoi successif des régiments à cette grande école de l'Afrique ; ces régiments, à leur rentrée en France, rapportent avec eux la connaissance et le goût de la nouvelle colonie ; ils les propagent sur toute la surface du pays, et ils rallient de tous côtés, à l'œuvre difficile entreprise en Algérie, des sympathies et d'utiles adhésions

---

Augmentation de la cavalerie.

On a réclamé, à diverses reprises, l'augmentation de la cavalerie destinée à agir en Afrique ; mais diverses objections ont été faites, et les hommes du métier eux-mêmes se sont trouvés partagés.

Une remarque incontestable, et que tout le monde a pu faire, c'est que la cavalerie doit être particulièrement propre à poursuivre, à atteindre un ennemi dont la force principale consiste en cavalerie, et qui, plus d'une fois, n'a dû son salut qu'à l'extrême agilité de sa marche.

Il est possible toutefois que la difficulté de se procurer des fourrages, en expédition, soit un sérieux embarras ; mais cet obstacle tend à disparaître par l'établissement, sur divers points, de postes-magasins suffisamment approvisionnés, et par les dispositions moins hostiles d'un certain nombre de tribus, qui ne demanderaient pas mieux que de céder l'excédant de leurs récoltes.

Il est d'ailleurs certain que si, malgré l'insuffisance des

moyens actuels, Abd-el-Kader a été, en diverses rencontres, sur le point d'être saisi, on aurait eu de bien plus grandes chances de le prendre en lançant à sa poursuite une troupe bien montée, connaissant à fond le pays, et pouvant rivaliser de vitesse avec ses cavaliers.

Application de l'armée aux travaux publics.

L'armée a été employée, en Algérie, à l'exécution des travaux public, et, dans cette nouvelle sphère d'action, elle a rendu et rend tous les jours encore de signalés services.

Il s'est néanmoins produit à ce sujet quelques scrupules, et on a posé la question de savoir si, aux termes de la loi constitutionnelle, le soldat pouvait être astreint à donner autre chose que le service militaire. On a soutenu que si l'armée, sous l'ancienne monarchie, n'était guère qu'une vaste réunion de mercenaires, à peu près étrangers à la nation, et ne possédant aucuns droits, les choses avaient dû complètement changer du jour où l'armée, recrutée sur toute la surface du pays, était devenue une portion même de la nation, plus spécialement chargée d'assurer, au dehors comme à l'intérieur, l'action des pouvoirs publics.

Ce principe est sans doute fort juste ; il est bien évident qu'aujourd'hui, et il faut s'en féliciter, l'armée, à côté de ses devoirs, a ses droits ; il est certain que, pour tout ce qui dépasse ses obligations précises, on ne peut faire appel qu'à sa bonne volonté et à son dévoûment.

Appliquons cette règle à l'emploi de l'armée aux travaux publics, et constatons tout de suite les grands avantages de cet emploi. Il donne les moyens d'exécuter les travaux aux meilleures conditions, en raison du nombre, de l'intelligence, de la forte organisation et du modique salaire des travailleurs. Il préserve le soldat de l'oisiveté, fortifie son corps et occupe utilement son esprit. Il aide enfin puissamment à la transformation tendant à s'opérer, en Europe, dans le rôle des armées, qui changeront de plus en plus leur action de force purement destructive contre une mission plus élevée de protection, de production même.

Maintenant, et pour se borner à ce qui se passe en Algérie, il est permis d'y considérer l'exécution de travaux publics comme faisant partie intégrante du service militaire; car ces travaux, tout en préparant la prédominance de la race européenne, facilitent la prompte répression des révoltes, tendent même à en prévenir le retour, et profitent d'ailleurs directement à l'armée, en diminuant l'insalubrité du climat.

Constatons, du reste, que l'objection, due à un très-louable sentiment, à la crainte de voir exploiter le soldat, n'est jamais sortie du domaine de la théorie, et que le plus heureux accord s'est établi, en Algérie, entre les divers membres de l'armée, accord fondé sur la justice des uns, sur la bonne volonté des autres, et grâces auquel les travaux les plus importants ont pu être entrepris et menés à bonne fin avec zèle et émulation.

Camps retranchés.

On a proposé d'installer les troupes dans de grands camps, en dehors et loin des villes.

Il y a utilité, sans aucun doute, à concentrer l'armée dans un certain nombre de fortes positions, d'où elle puisse rayonner au premier appel pour étendre au loin une protection efficace. Ce système doit être préféré à celui des petits postes, qui ont le défaut, comme les évènements ne l'ont que trop prouvé, d'affaiblir les troupes et de les réduire même à l'impuissance par suite d'une trop grande dissémination.

Mais il y aurait, d'autre part, plus d'un inconvénient à vouloir, d'une manière absolue, placer les corps d'occupation en dehors des villes. Ce qu'il faut chercher avant tout, c'est la position la plus avantageuse au point de vue militaire : si cette position se trouve en dehors de toute habitation, ce n'est pas une raison pour y renoncer ; de même que si l'emplacement d'une ville paraît favorable, les troupes doivent, sans hésitation, y être installées.

A cet égard, du reste, une remarque qu'on a pu vérifier plus d'une fois depuis la conquête, c'est qu'une ville ne tarde pas à se fonder sur les points où un corps de troupes un peu considérable se trouve établi en permanence.

Administration des Indigènes.

Les indigènes doivent-ils être administrés par des chefs pris parmi eux ? — Doivent-ils l'être directement par des officiers français ?

Cette importante question a été, en théorie et en pratique, résolue successivement dans les deux sens.

Écartons d'abord tout parallèle historique. En Algérie,
les circonstances au milieu desquelles on s'est trouvé ont
été si neuves, qu'il est pour le moins inutile de chercher
ailleurs que dans la question même les éléments de la solution.

Les partisans de l'administration par des chefs indigènes
soutiennent, avec raison, qu'il est très-dangereux de vouloir s'immiscer dans les affaires particulières des tribus. En
présence des différences de toute nature, des antipathies
même qui séparent les deux races mises en présence par
la conquête, vouloir tout surveiller, tout règlementer, chez
un peuple profondément jaloux de son indépendance,
c'est, disent-ils, provoquer imprudemment des résistances
qui se traduisent, en fin de compte (et de nombreux exem-
ples ne l'ont que trop prouvé), par des assassinats et l'in-
surrection. L'autorité française ne doit donc intervenir que
pour placer à la tête des tribus les chefs indigènes qui
présentent le plus de garanties de fidélité.

Dans le système contraire, on répond que ces chefs ne
sont le plus souvent, par la force même des choses, que
des ennemis déguisés ; et si, malheureusement, des
crimes isolés ont été commis sur la personne d'officiers
français, on peut bien mettre en balance les nombreuses
et funestes trahisons des chefs indigènes investis et soute-
nus par la France. Il est possible d'ailleurs de respecter,
dans de certaines limites, l'indépendance intérieure des
tribus ; mais il ne faudrait pas, sous le prétexte de ne s'immiscer en rien dans leurs affaires, renoncer à toute action
sur elles ; et comme, en définitive, le contact entre les
deux races existe de fait, il faut bien chercher à le rendre

de moins en moins hostile, résultat que peut seul atteindre l'administration juste et habile d'officiers français.

Ce sont là de bonnes raisons ; et le système préférable est assurément celui dont on peut attendre, au bout d'un certain temps, un rapprochement entre les deux races. Dans la pratique, du reste, on paraît s'être arrêté au dernier parti, avec un tempérament toutefois qui corrige ce qu'il pouvait avoir de trop absolu. L'administration intérieure de la tribu et le règlement des affaires privées sont laissées à un chef indigène, constitué au nom de la France, tandis que la surveillance et la direction générale, le gouvernement, en un mot, se trouve confié à un chef français.

Le devoir de l'autorité supérieure est d'apporter, dans cette grave matière, la plus grande attention à ses choix : il faut, d'un côté, n'investir que des chefs sur le dévoûment desquels on ait de fortes raisons de compter, et, d'un autre, placer exclusivement à la tête des tribus des officiers parfaitement initiés aux mœurs et aux besoins des Arabes, sachant, autant que possible, parler leur langue et prêts à apporter, dans l'exercice de leurs fonctions, une justice à la fois ferme et bienveillante.

Ces avantages ont été, du reste, présentés par l'institution des bureaux arabes, qui ont rendu et rendent chaque jour d'importants services.

Restitution des villes.

On a proposé que les villes occupées antérieurement par les Arabes, et d'où ils ont été chassés depuis l'occupation, par suite des évènements de la guerre, leur fussent en partie restituées.—Ce serait, a-t-on dit, une preuve de force, de justice et de bienveillance, qui désarmerait bien des haines.

Il est très-vrai qu'un des plus puissants moyens de rapprochement entre les deux peuples, c'est une exacte justice dans leurs relations réciproques ; mais, pour ce qui est de la mesure proposée, les Arabes pourraient fort bien ne voir qu'une marque de faiblesse dans ce qui serait présenté comme une réparation, et leur hostilité, qui tient à tant de causes, ne se trouverait que très-peu diminuée.

En fait, cette restitution, praticable peut-être tant qu'il ne s'est agi, en Algérie, que d'une simple occupation militaire, a cessé d'être possible du jour où l'on a adopté le parti, non pas seulement de dominer le pays, mais de le coloniser.

Port d'Alger.

On sait que l'ancien port d'Alger, suffisant pour des bâtiments de commerce, était trop étroit et trop peu profond pour recevoir des navires de guerre.

Le port militaire d'Alger, dont l'exécution se poursuit en ce moment, a pour but principal, — non pas de défendre la ville contre une attaque par mer (car il aurait suffi, pour cela, de fortifier convenablement l'ancien port) ; — non pas même de doter la France d'un grand port militaire sur la Méditerranée (qu'elle possède déjà à Toulon) ; — mais d'assurer, pour toutes les circonstances, le transport des régiments en Algérie, et en outre d'offrir à la flotte française, en cas de désastre, un refuge certain.

On se souvient des obstacles de tout genre qu'éprouva, en 1830, le débarquement de l'armée française. La création du nouveau port aura pour effet de prévenir, dans toutes les prévisions, le retour de ces difficultés.

D'autre part, les grandes questions politiques tendent de plus en plus à se décider sur mer, et les évènements les plus importants s'accompliraient, en cas de guerre maritime, dans le bassin de la Méditerranée. Il y a donc tout avantage, aujourd'hui que l'utilité des ports de refuge est universellement reconnue, à posséder, vis-à-vis des côtes de France, un port vaste et sûr dans lequel pourraient s'abriter des vaisseaux de guerre, à la suite d'un grave désastre ou de fortes avaries.

Des divers projets mis en avant à ce sujet, deux ont particulièrement fixé l'attention. Le premier, surnommé le grand projet, était conçu sur de très-larges proportions, mais l'exécution devait en être longue et dispendieuse. Le petit projet, beaucoup plus restreint, a été adopté avec certaines modifications, et les travaux, qui ont déjà coûté plusieurs millions, s'en poursuivent avec lenteur.

Mesures diverses. — Forage de puits artésiens. — Transport des pèlerins à la Mecque, etc.

On a récemment, et sur différents points de l'Algérie, foré avec succès des puits artésiens. C'est là une excellente mesure dans une contrée où se fait surtout sentir le manque d'eau : ce précieux élément, amené à la surface du sol, le vivifiera promptement et en renouvellera bientôt l'aspect.

Il faut se représenter l'Algérie comme offrant de grandes ressources, ou tout-à-fait inconnues, ou paralysées en partie par une mauvaise exploitation. Rien de ce qui tend à révéler ces ressources et à les féconder ne doit être négligé ; et, sous ce rapport, les puits artésiens occupent le premier rang.

D'ailleurs, à un point de vue général, l'entreprise et le succès de pareils travaux ont une portée plus haute : ils apparaissent aux indigènes comme le signe irrécusable de notre supériorité ; et il ne faut rien moins, pour convertir de rebelles intelligences , que ces heureux miracles de la civilisation.

On sait tout le prix qu'attachent les Arabes à faire le pèlerinage de la Mecque, cette capitale religieuse du mahométisme. On sait aussi que ce pèlerinage est long, difficile, et trop dispendieux pour le plus grand nombre. Transporter aux frais de l'État les pèlerins d'Alger à Alexandrie, et leur éviter ainsi la partie la plus pénible du voyage, est une mesure, en voie d'exécution depuis quelques années, qui a déjà produit les meilleurs résultats. Pratiquée sur une large échelle, elle servirait de récompense aux indigènes qui se seraient signalés par leur fidélité et leur dévoûment ; et l'une de ses conséquences les plus heureuses serait de démontrer aux Arabes, par un exemple frappant, que la France n'a jamais entendu les opprimer dans leur foi ni dans leur culte.

Colonisation civile. — Colonisation militaire.

La colonisation militaire et la colonisation civile ont eu long-temps leurs partisans exclusifs.

On a cependant fini par transiger, et les défenseurs les plus ardents de chacun des deux systèmes ont eux-mêmes admis, dans de certaines limites, le concours du système opposé.

On a dû reconnaître que l'armée, admirable pour préparer la colonisation, était radicalement impuissante à l'accomplir à elle seule.

Qu'on songe, en effet, au temps qu'il faudrait, en n'admettant que des colons militaires, pour peupler d'une manière un peu satisfaisante ce vaste territoire de l'Algérie.

D'un autre côté, les colons civils, abandonnés à eux-mêmes, risqueraient fort de voir leurs travaux et leurs sacrifices n'aboutir qu'à la dévastation et à la ruine.

Le concours de l'armée offrirait d'abord toutes facilités pour exécuter les travaux d'utilité générale avec soin, promptitude et économie. Puis, les colons militaires, qui seraient pris dans son sein, occuperaient à l'avantage commun les avant-postes de la colonisation, à laquelle ils serviraient de rempart.

En arrière seraient groupés les colons civils qui, avec le temps, créeraient sur le sol une population forte et condensée.

Ces colons eux-mêmes, exposés, malgré toutes les mesures, à la possibilité d'attaques imprévues, devraient contracter, jusqu'à un certain point, l'esprit et les habitudes militaires, et pouvoir, en cas d'urgence, se protéger contre un coup de main.

Cette nécessité, qui existera long-temps en Algérie, ex-

plique le système et les exagérations des partisans exclusifs de la colonisation militaire.

Colonisation civile. — Systèmes divers.

Il s'est produit, au sujet de la colonisation civile de
l'Algérie, deux systèmes principaux et opposés : on les ré-
sume d'un mot en disant que, dans l'un de ces systèmes,
la colonisation serait faite par de petits propriétaires, et
qu'elle le serait dans l'autre par l'intervention de grands
capitalistes.

On s'est fondé, dans un sens, sur la nature toute parti-
culière de l'entreprise tentée en Algérie et sur les dangers
de divers genres qui, pour long-temps encore, attendent
les nouveaux colons. Pour vaincre des obstacles toujours
renaissants, il ne faudra pas moins, a-t-on dit, que le
concours des stimulants les plus énergiques, et il en est
peu d'aussi puissants que l'esprit de propriété, avec les
heureuses conséquences qui en découlent. Ce n'est qu'à
l'aide de ce principe fécond qu'on parviendra à établir sur
le sol et à y implanter une population agricole, laborieuse
et forte, sérieusement attachée à une terre qu'elle aura dé-
frichée et faite sienne, et toujours prête à tout braver pour
en conserver la possession.

Cette opinion, soutenue avec opiniâtreté, a recruté surtout ses défenseurs dans les rangs de l'armée, et il n'y a
rien là dont on doive être surpris : il est naturel que les
militaires, désintéressés par profession, toujours prévenus
contre ce qui peut étendre l'influence de l'aristocratie d'ar-
gent, et sincèrement attachés d'ailleurs à une colonie dont

la conquête leur est due, redoutent pour elle la cupidité sans frein, l'exploitation sans pitié, et, par suite, la démoralisation des travailleurs, le paupérisme et les maux de toute nature qui signalent trop souvent les grandes entreprises industrielles.

Dans le système contraire, qui trouve surtout ses partisans dans l'ordre civil, on répond qu'il y a en réalité très-peu d'inconvénients et beaucoup d'avantages à procéder par grandes concessions. D'abord, ce serait un notable soulagement pour le Trésor que de faire concourir, dans des proportions importantes, les capitaux privés à l'œuvre dispendieuse de la colonisation ; on éviterait ainsi à l'État les incessantes réclamations des petits colons, qui, au moindre revers, ne manquent pas de tendre les bras vers lui et l'accusent amèrement s'il ne satisfait pas à leurs exigences ; — puis, et c'est là un grand point, la colonisation marcherait nécessairement beaucoup plus vite ; — on échapperait enfin aux funestes chances du découragement, trop fréquent malheureusement, qui résulte, chez les petits cultivateurs, du sentiment de leur faiblesse et de leur impuissance individuelles. Chaque travailleur ne pourrait plus, sans doute, se parer du vain titre de propriétaire ; mais tous seraient assurés d'obtenir une rétribution proportionnée à leurs efforts, et d'avoir une certaine part dans les bénéfices. L'intérêt même du grand propriétaire les garantirait contre les éventualités des maladies, des mauvaises récoltes, de tous les malheurs en un mot qui, dans le système des petites concessions, avaient pour conséquence infaillible la ruine et la misère des colons.

Quant aux inconvénients qu'on a paru craindre, il serait facile de les prévenir au moyen des conditions et charges à imposer aux grands concessionnaires ; et d'ailleurs la surveillance générale serait toujours réservée à l'État.

Ces deux systèmes, du reste, ont été, chacun de leur côté, mis à l'épreuve en Algérie, mais dans des circonstances très-défavorables, et de manière qu'il n'a pas été possible de se former une opinion suffisamment arrêtée sur leur valeur respective. Des expériences ont toutefois eu lieu plus récemment, et il est permis d'en attendre, dans un temps rapproché, une solution sérieuse et complète.

Droits et obligations de l'État.

La colonisation de l'Algérie a traversé diverses phases. —Commencée au milieu de l'anarchie la plus entière, qui n'enfanta que des ruines, elle subit plus tard, à la suite d'une réaction exagérée, une règlementation minutieuse, et la vie artificielle qu'on parvint à lui faire ne se soutint qu'à force de sacrifices.

On a cependant fini par comprendre qu'une part assez large devait être laissée à la liberté individuelle du colon, part sans laquelle celui-ci ne saurait jamais concevoir, pour le sol qu'il cultive, cet attachement durable et sincère qui fait surmonter bien des obstacles. Il est juste également qu'en raison de la complication et de la difficulté des circonstances, la liberté du colon se trouve encadrée dans une organisation fortement conçue.

Le point difficile et important, c'est d'associer dans une juste mesure les deux principes de liberté et d'autorité. L'administration supérieure, en arrivant à une bonne solution, rendra un signalé service à l'Algérie.

Si l'on adopte, dans une certaine proportion, le principe de la colonisation militaire, il faut s'entendre sur la part à laisser dans les profits au soldat cultivateur.

En principe, il est de toute justice que les bénéfices se trouvent partagés entre le colon qui fait l'avance de son temps et de ses soins, et l'État qui donne au travailleur la terre, les instruments de culture et de sécurité.

Dans le système de la colonisation civile, il faut distinguer, pour connaître les obligations de l'État, entre la colonisation par de grands capitalistes et celle par de petits propriétaires.

Dans la première hypothèse, l'État n'a pas d'avances à faire; il concède, à de certaines conditions, et sous certaines charges, une étendue plus ou moins grande de terrain : c'est ensuite l'affaire du concessionnaire de trouver des colons, de prendre des arrangements avec eux, et de les établir sur le sol.

Dans le système des petits propriétaires, l'État contracte d'importantes obligations. Pour que la mise en culture devienne possible, il doit faire l'avance de la terre et des instruments agricoles, exécuter en outre certains travaux d'utilité générale, et parfois même fournir aux colons l'habitation.

On ne peut se dissimuler que ce seraient là de lourdes charges; si cependant on devait en être dédommagé par de larges résultats, il n'y aurait pas à reculer devant la gravité des sacrifices; car en Algérie, plus encore que partout ailleurs, il faut savoir semer pour recueillir.

Concours des étrangers.

Il n'y a pas d'inconvénients, et il y a beaucoup d'avantages à assurer, à l'œuvre de la colonisation algérienne, le concours de populations étrangères. Il serait même fort utile de détourner, au profit de l'établissement nouveau, le remarquable mouvement d'émigration qui, depuis le siècle dernier, s'est manifesté en divers états européens ; on arriverait ainsi à accroître avec rapidité, et dans une importante proportion, la population de la colonie, et ce sera là, il ne faut pas l'oublier, le point capital pendant long-temps.

D'ailleurs, la France n'accomplit pas, en Algérie, une œuvre mystérieuse et égoïste : la conquête a eu en grande partie pour but, et aura pour résultat, d'élever à la civilisation une importante portion du nord de l'Afrique ; il n'y a certes là rien qu'on ne puisse avouer hautement, et, par conséquent, il n'y aurait point de motif pour refuser systématiquement toute coopération étrangère.

Posons néanmoins une restriction : — Il convient, tout en ne repoussant aucun concours, de maintenir toujours la prédominance de la population d'origine française. La France, en effet, qui n'a pas besoin de se montrer exclusive, ne doit pas abdiquer non plus, et il importe que, par le chiffre de sa population civile, et par celui de son armée, elle demeure toujours, en fait comme en droit, directrice suprême de la colonie.